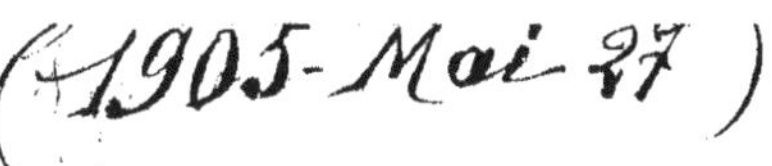

COLLECTION

DE

M. le Baron

Blanquet de Fulde

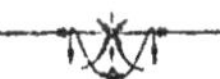

TABLEAUX MODERNES

Pastels par LHERMITTE

Paris 1905

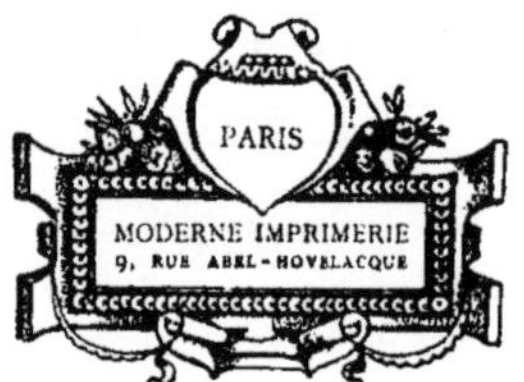

COLLECTION

M. le Baron Blanquet de Fulde

TABLEAUX MODERNES

Pastels par LHERMITTE.

PARIS. — MODERNE IMPRIMERIE
7, RUE ABEL-HOVELACQUE

CATALOGUE

DE

Tableaux Modernes

PAR

BARON, BÉRAUD, BILLOTTE, ROSA BONHEUR, BOMPARD, BOUCHÉ,
BOUDIN, J.-L. BROWN, COROT, COURBET, DAUBIGNY, DETAILLE,
A. DE DREUX, J. DUPRÉ, FORAIN, FANTIN-LATOUR, ISABEY,
CH. JACQUE, JONGKIND, LÉANDRE, LEBOURG, LÉPINE,
MONET, GUSTAVE MOREAU, MONTICELLI, DE NEUVILLE, PLASSAN,
RIBOT, ROSEN, ROUSSEAU, SERVIN, TASSAERT, VOLLON, ZIEM.

TREIZE PASTELS DE LHERMITTE

Composant la Collection de

M. le Baron BLANQUET DE FULDE

ET DONT LA VENTE AURA LIEU A PARIS

Hôtel Drouot, Salles n°s 9 et 10

Le Samedi 27 Mai 1905, à 2 heures

COMMISSAIRE-PRISEUR

Me PAUL CHEVALLIER

10, Rue de la Grange-Batelière

EXPERTS

MM. BERNHEIM JEUNE, Experts près la Cour d'Appel

8, Rue Laffitte — 1, Rue Scribe — 36, avenue de l'Opéra

EXPOSITION

Le Vendredi 26 Mai de 1 h 1 2 à 5 h. 12

Entrée par la rue Grange-Batelière

CONDITIONS DE LA VENTE

La Vente sera faite au comptant.

Les acquéreurs paieront *dix pour cent* en sus des prix d'adjudication.

Preface

TROP souvent, chez le collectionneur, le goût le plus
avisé ne va pas sans un esprit d'exclusivisme qui le
prive de bien des joies, l'entraine à bien des injustices.
Heureux celui qui sait se contraindre à ne rien préférer,
celui aussi qui porte en lui la précieuse vertu de savoir
aimer, d'un cœur égal, tout ce qui est digne d'être aimé.

Sa collection, lentement grossie, reflète chaque jour
un peu plus sa bienveillance. Maitres et petits maitres,
grands noms et talents sans couronne, y voisinent frater-
nellement. Point de cimaise d'honneur, mais des œuvres
également honorées sur toutes les cimaises. Point, non
plus, de prédilection strictement, étroitement marquée pour
une époque, point de dédain pour d'autres écoles : une
hospitalité largement accordée au talent, la porte ouverte

à la Beauté, quelles que soient son origine, sa gloire ou son obscure destinée.

Ce collectionneur-là est un sage. Et c'est aussi un juste. Tout d'éclectisme, il n'a que le parti-pris de s'entourer de ce qui lui plaît. Il passe, il voit, il apprécie, il emporte..., et l'on pourrait dire que c'est seulement dans la rue qu'il regarde la signature. Il ne recherche point tant des notoriétés que des œuvres. Aussi bien, sa judicieuse clairvoyance est-elle toujours récompensée. Son verdict se rencontre avec celui de la postérité. Il croyait n'acquérir qu'un noble paysage, et c'est un Corot, — qu'un rare effet de crépuscule orageux, et c'est un Jules Dupré, — qu'un expressif groupement d'effigies, et c'est un Ribot de tout premier ordre.

Il prend son temps, sans impatience ni fièvre, et c'est à son sang-froid, à son art de savoir attendre, qu'il doit cette chance d'arrêter au passage une œuvre hors pair, un de ces beaux Ziem, par exemple, que l'artiste fit en Hollande, pendant la courte période où il fut infidèle à sa chère Venise.

Il a lu et médité ces lignes balzaciennes : « Il possède son musée pour en jouir à toute heure, car les âmes créées pour admirer les grandes œuvres ont la faculté sublime des vrais amants ; ils éprouvent autant de plaisir aujourd'hui qu'hier : ils ne se lassent jamais, et les chefs-d'œuvre sont, heureusement, toujours jeunes. Aussi, l'objet tenu si paternellement est-il une **de** ces trouvailles que l'on emporte, avec quel amour, amateurs, vous le savez ! »

Il est, à mon sens, le type du collectionneur-né, car on trouve en lui, à côté de cette belle ardeur de chasse qui différencie l'amateur du commun des mortels, ce parfait discernement qui, en matière d'acquisition, caractérise le véritable homme de goût.

★

En dépit de sa charmante modestie, M. le baron Blanquet de Fulde voudra bien permettre à ses amis de le reconnaitre dans le rapide croquis que l'on vient de lire.

On verra, tout à l'heure, jusqu'à quel haut point sa belle collection est synonyme d'unité dans la vision et de méthode dans le choix. On y trouvera côte à côte des maitres recherchés, des sommets de l'art de peindre depuis un siècle, des petits maîtres exquis dont l'œuvre nous fait souvenir que c'est par les anecdotes que l'on connaît le mieux une époque, des contemporains de nous, enfin, qui, à cette brillante chaîne, ajoutent l'anneau nécessaire à prouver que notre temps possède de grands talents et, lui aussi, léguera à l'avenir de robustes leçons.

Les deux Corot, le Courbet, qui passe tout commentaire, les Daubigny, cet admirable Jules Dupré qu'on appelle : La Passerelle, les Jacque, le beau Jongkind de Nyons, le Ribot, les Ziem, suffiraient à composer un total de beauté souveraine. Mais les J.-L. Brown, d'une qualité exceptionnelle, le Fantin-Latour, les Isabey, un délicieux Lépine, les Monet, ce Gustave Moreau, qui est un immense tableau dans un petit cadre, ce prestigieux Monticelli, ce joli Rousseau, et le Servin, une œuvre rare qu'eût signée Isabey, et le Tassaert, émouvante page de vie douloureuse, ajoutent à ces premières toiles un intérêt puissant, que vient encore compléter l'inégalable ensemble de ces Lhermitte nombreux, triés dans la production de l'artiste avec le soin jaloux et la tenace volonté de ne choisir que des œuvres maîtresses.

Par un esprit de justice qui l'honore, l'heureux possesseur de ces merveilles a voulu ne pas dédaigner de loyaux artistes qui, tel Bouché, ce délicieux héritier de Corot, réunissent dans leurs tableaux le charme des maîtres d'antan et la clarté d'une vision bien moderne. De même, recueillit-il quelques toiles de cet amusant Plassan où, dans le périmètre d'un tout petit tableau, s'affirment tant d'observation vraie et de talent sincère. De même encore, poussant à l'extrême son éclectisme, n'hésita-t-il pas à accueillir chez lui des reproductions originales, faites sur sa demande, de dessins d'artistes d'aujourd'hui qui lui avaient paru devoir comporter une gloire plus durable que celle des journaux illustrés.

★

Sans doute, cette brillante énumération de noms et d'œuvres a déjà suscité en le lecteur la curiosité et l'impatience de les mieux connaître par l'analyse et les reproductions qui en sont faites ici. Nous n'aurons pas la cruauté de retarder par de plus longs commentaires le plaisir qu'il aura à feuilleter les pages de ce recueil. Mais, au souvenir des minutes précieuses qu'il nous fut donné *de vivre, naguère, parmi les toiles que voici, nous nous autorisons, pour conclure, à souligner le caractère vraiment classique de cette belle collection, en gravant à son frontispice le pur apophtegme de Goethe : « J'appelle classique ce qui est sain, et romantique ce qui est malade. »*

PASCAL FORTHUNY.

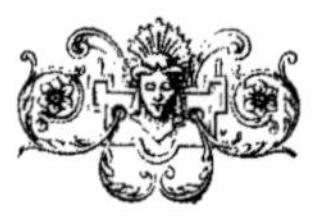

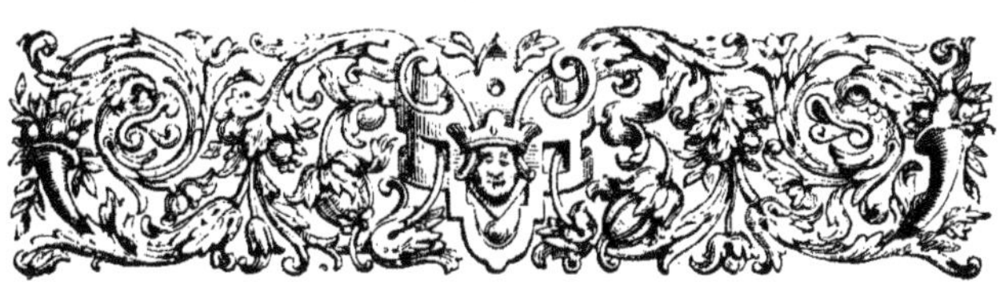

TABLEAUX

BARON

(H.)

1 — *L'Aiguillée de Fil.*

Dans un intérieur Louis XIII, un joli cavalier assis
près d'une table avec d'autres convives, se laisse recoudre
un ruban rouge à sa cape émeraude, par une gracieuse
blonde en robe mauve et blanche qui y met tout son
soin.

Un reître debout, vu de dos, — feutre à plumes bleues,
juste-au-corps de cuir, culotte sombre et bas pourpres,
pipe à la bouche, épée au côté, — regarde la scène.

Au pied d'un escalier, un serviteur porte un plat.
A gauche, près d'une fenêtre à vitraux, quelques personnages en costume du temps.

Signé à droite, en bas.

Panneau. — Haut., 17 cent. ; larg., 22 cent. 1 2.

BARON

(H.)

2 — *Don Quichotte et la Dulcinée*.

Dans un étroit passage au pied d'une roche, Dulcinée, à genoux, supplie Don Quichotte. Derrière elle, un vieillard en turban.

A droite au fond, Sancho surveille les montures.

Signé à droite, en bas.

Panneau. — Haut., 26 cent. ; larg., 17 cent. 1 2.

BÉRAUD

(JEAN)

3 — *La vie de la rue. — Faubourg Montmartre*.

A gauche, un pâté de maisons. Sur le trottoir, une foule active, trottins, caissiers et artisans. Un homme péniblement traîne une charrette de déménagement : un gamin l'accompagne. Fiacres et omnibus. C'est la vie grouillante de la rue parisienne.

Signé à droite, en bas : *Jean Béraud*.

Toile. — Haut., 70 cent. 1/2 ; larg., 49 cent.

BONHEUR

(ROSA)

4 — *Le Faon.*

Sur un fond de verdure, le petit faon regarde vers la droite.

Signé à gauche, en bas.

Toile. — Haut., 30 cent.; larg., 29 cent.

Au dos, cachet de la vente Rosa Bonheur, 1900, n° 392.

BONHEUR

(ROSA)

5 — *Cheval blanc et Cheval alezan*

Les deux chevaux regardent vers la droite, à la lisière d'un petit bois.

Signé à droite, en bas.

Toile. — Haut., 17 cent.; larg., 31 cent. 1 2

Au dos, cachet de la vente Rosa Bonheur, 1900.

BOMPARD

(MAURICE)

6 — *Rio Santa Sofia. — Venise*.

Le canal s'éloigne, bleu de l'azur du ciel, entre les murailles de briques, les galeries couvertes, les loggias et les rideaux de feuillages accrochés aux maisons. Un petit pont en dos d'âne, au loin ; et à gauche, près d'une maison rouge, une gondole.

Signé à gauche, en bas : *M. Bompard.*

Toile. — Haut., 46 cent.; larg., 55 cent.

BOMPARD

(MAURICE)

7 — *La Douane. — Venise*.

A gauche, le bâtiment de la Douane d'où se détache une gondole noire. Plus loin, enlevée légèrement sur le ciel d'un bleu fin, la perspective de Venise. A droite, deux voiliers.

Signé à gauche, en bas.

Toile. — Haut., 60 cent.; larg., 80 cent.

BOUCHÉ

8 — *Le Vallon.*

La rivière ardoisée, réflétant le ciel chargé de nuées, glisse au pied du coteau de droite jusqu'au village dont les maisons s'aperçoivent au fond.

Sur tout le premier plan, c'est la berge de gauche, avec de hautes herbes en touffes où l'on distingue, au pied d'un bosquet légèrement dentelé sur le ciel, un paysan, et un autre campagnard, conduisant deux chevaux.

Signé à gauche, en bas : *Bouché. 1902.*

Toile. — Haut., 54 cent.; larg., 72 cent.

BOUCHÉ

9 — *L'Allée des Peupliers.*

C'est l'automne. Sur la contre-allée de la route, une vieille femme et son enfant s'éloignent dans la double rangée des peupliers. L'herbe est semée de feuilles mortes; des meules près d'un bouquet d'arbres. A droite, une grande prairie et un fond de coteaux.

Ciel gris.

Signé à droite, en bas : *Bouché. 98.*

Toile. — Haut., 55 cent.; larg., 37 cent.

BOUCHÉ

10— *Rivière à l'entrée d'un village.*

La berge, à gauche, herbeuse, avec une femme et deux grands bœufs qui boivent à la rivière. Calme et profond, l'étroit cours d'eau glisse entre ses rivages verts au pied du coteau boisé qui décline au loin vers la gauche, derrière le village dont on distingue les maisons.

Le ciel est d'un mouvement tout à fait remarquable.

Signé à gauche, en bas : *Bouché, 1901.*

Toile. — Haut., 40 cent.; larg., 65 cent.

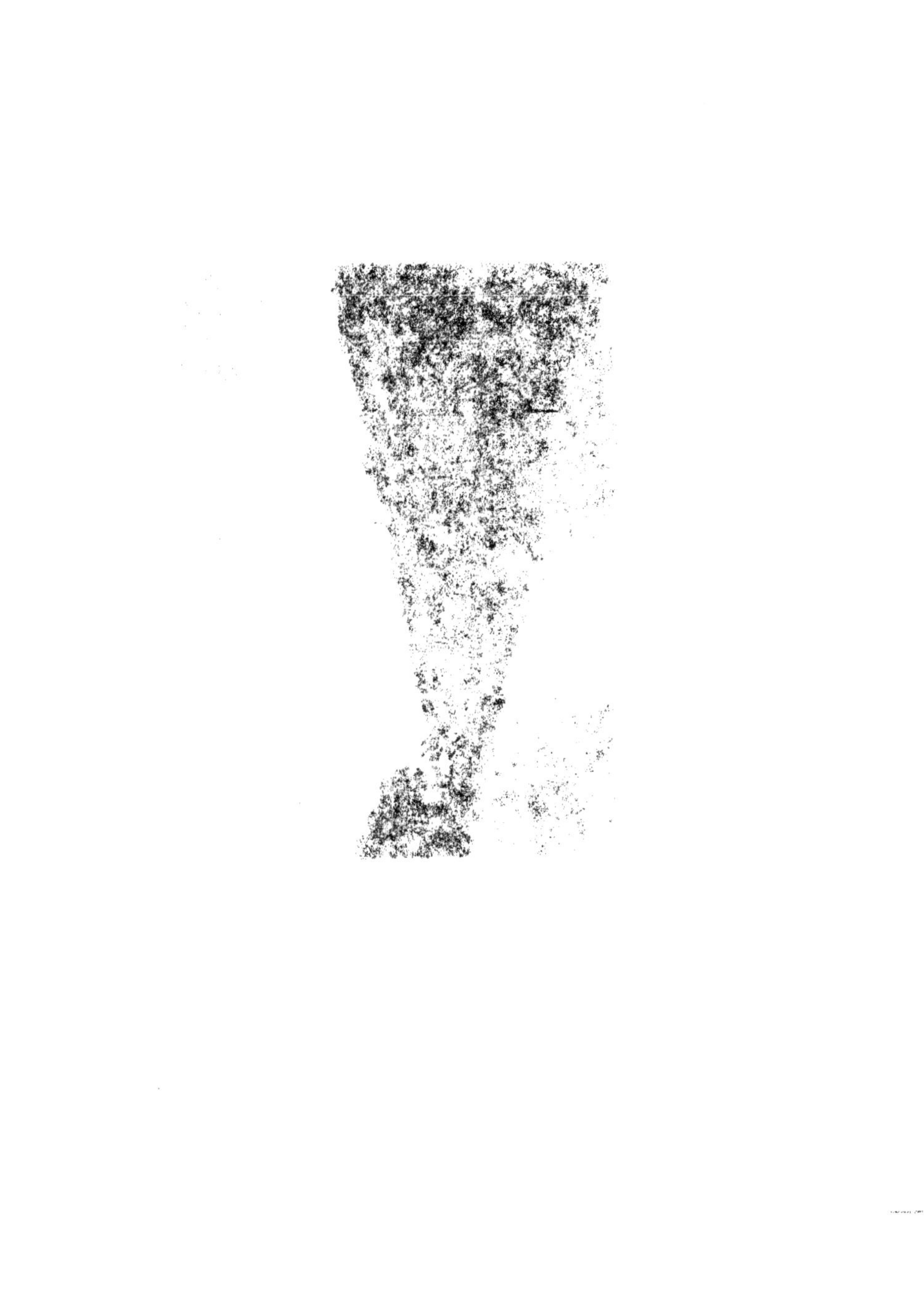

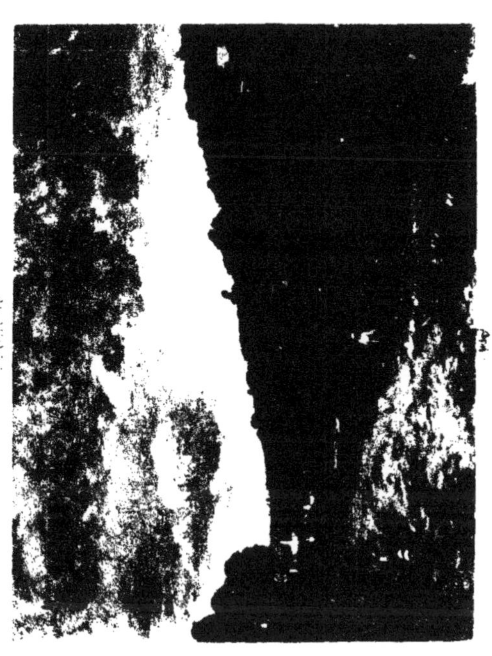

BOUCHÉ

11 — *La Fenaison.*

Un jour orageux. Les bâtiments de la ferme sont encore éclairés par le soleil blafard.

A gauche, un grand peuplier. Dans la cour, une charrette traînée par un cheval blanc et chargée de foin. L'orage pèse à l'horizon de droite.

Signé à droite, en bas : *Bouché, 1898.*

Toile. — Haut., 47 cent.; larg., 58 cent.

BOUCHÉ

12 — *Bords de Rivière.*

Au pied d'une grasse et verdoyante prairie, la rivière paisible et bleue comme le ciel.

Sur un chaland, une petite figure en blanc.

Sur l'autre rive, après la berge, dans de beaux bouquets d'arbres, des maisons éclairées d'un soleil blond, et, jusque vers la gauche, une belle croupe de taillis épais.

Signé à gauche, en bas : *Bouché, 1899.*

Panneau. — Haut., 25 cent.; larg., 42 cent.

BOUDIN
(EUGÈNE)

13 — *Le Transatlantique*.

Dans la fine lumière du matin, bleue cendrée, au bord du quai où s'entassent les denrées et que limitent, à gauche, d'autres mâts. A droite, les maisons du port, ainsi qu'une frégate à deux mâts. Le transatlantique, coque rouge, noire et or, est en partance. Déjà sa fumée noire s'élève dans le ciel.

Signé à gauche, en bas : *E. Boudin, 89.*

Panneau. — Haut., 34 cent.; larg., 42 cent.

BROWN
(JOHN-LEWIS)

14 — *En regardant le Ramasseur de Varech*.

Sur la grève où la mer, en se retirant, a laissé des flaques, un gentilhomme — redingote rouge et bicorne — et deux dames de qualité richement vêtues, regardent le cheval et les trois bœufs attelés à une charrette qu'un côtier, jambes nues, remplit de varech.

Plus loin, la mer et une pointe de falaise à gauche, chaudement éclairée par un dernier rayon qui perce un lourd et superbe ciel d'orage.

Signé à droite, en bas.

Toile. — Haut., 55 cent.; larg., 45 cent. 1/2.

BROWN
(JOHN-LEVIS)

15 – *Lafayette et Washington. – Episode de la Guerre de l'Indépendance.*

Composition heureusement mouvementée. Les deux chefs dialoguent, à gauche avec un bel officier d'ordonnance vêtu à la houssarde. Des cavaliers dont l'un porte un fanion aux couleurs d'Amérique, se tiennent à droite: le premier retient le fringant cheval du général en chef.

A terre, des hommes et des chevaux morts. Au fond, un moulin, une dune et la mer.

Signé à gauche, en bas.

Panneau.   Haut., 32 cent.; larg., près de, 1 2

BROWN
(JOHN-LEVIS)

16 — *La Clairière.*

Un jour de pluie dans la clairière automnale. C'est le soir. Un seul accent de lumière perce au bas du ciel, entre les beaux bouquets d'arbres qui limitent un chemin à travers bois.

Au premier plan, vers la gauche, une paysanne près de son âne chargé de victuailles, et deux cavaliers en selle, revêtus de costumes de chasse, les animaux les pattes à demi enfoncées dans l'eau d'une mare.

A droite vers le fond, un garde-chasse à pied près d'une amazone en selle.

Signé à droite, en bas : *John-Levis Brown, 1877.*

Toile. — Haut., 63 cent.; larg., 51 cent.

BROWN

(JOHN-LEVIS)

17 — *L'École du Sabre.*

Sur l'herbe du champ de manœuvres, un soir où le ciel est chargé de lourdes nuées d'orage, trois cavaliers surveillés par un major à cheval, en manteau rouge et tricorne.

Sur un superbe cheval, le cavalier du premier plan jette son arme, d'un souple tour de bras, comme pour parer un coup à sa gauche.

Il est richement vêtu du manteau noir à soutache d'or et de la pèlerine à manches fourrées. Sa selle rouge est ornée d'une tête de tigre et son cheval a une robe admirablement nuancée. A droite, au fond, les deux autres cavaliers enlevés au galop.

Signé à droite, en bas : *John-Levis Brown, 1875.*

Panneau. — Haut., 73 cent.; larg., 60 cent.

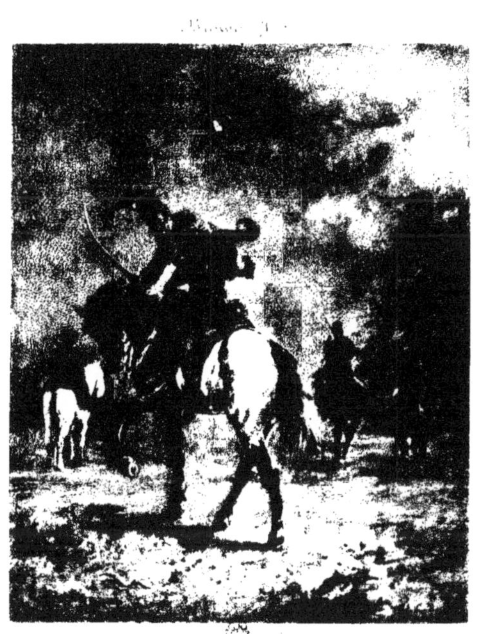

BROWN

(JOHN-LEVIS)

18 — *Le Mendiant.*

Un soir de pluie. Au loin, le soleil se couche derrière
les tours et les toitures de la ville vers laquelle trottent
deux cavaliers, passant près d'un mendiant agenouillé. A
droite, derrière le mendiant, un bouquet de bois ; à gauche
un pli de terrain relevé. Au bas du chemin, une carriole
escortée de cavaliers.

Signé à droite, en bas : *John-Levis Brown, 1873.*

Toile. — Haut . 31 cent.; larg.. 41 cent.

COROT

(CAMILLE)

19 — *Mont-de-Marsan.*

A gauche, au sommet de la berge, le dos des constructions dans l'ombre.

A droite, la rivière à l'eau peu profonde, où deux femmes sont occupées à laver leur linge.

Du même côté, sur des plans plus éloignés, la berge se relève; le sommet en est occupé par une petite construction qui apparaît encadrée dans les branches. Au fond, au sommet d'un pli de terrain, de l'autre côté d'un coude de la rivière, un village, dont les maisons sont éclairées par le soleil.

Le ciel bleu est paré de beaux nuages blancs qui volent, légers.

Signé à gauche, en bas.

Toile. — Haut., 35 cent.; larg., 50 cent.

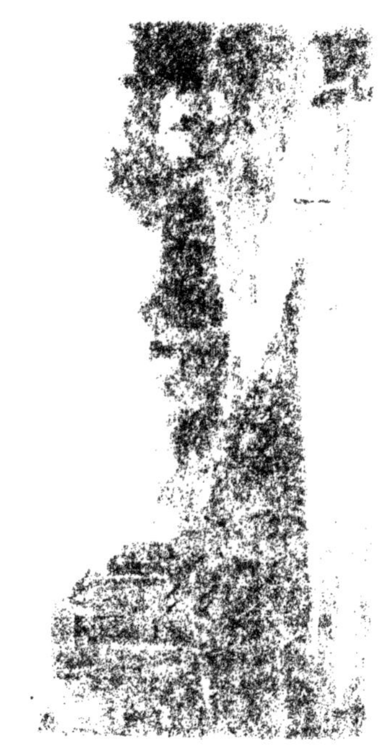

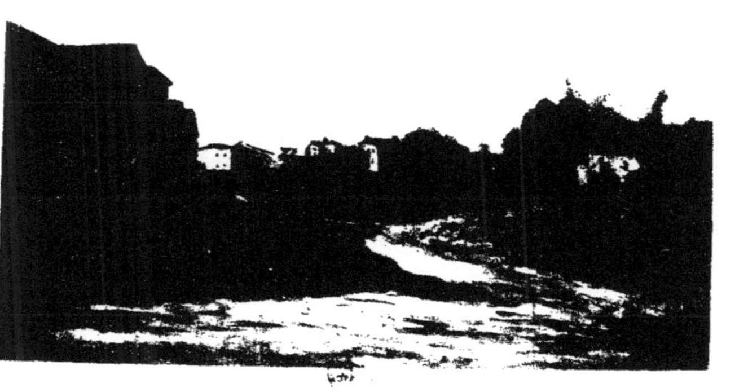

Corot — Camille

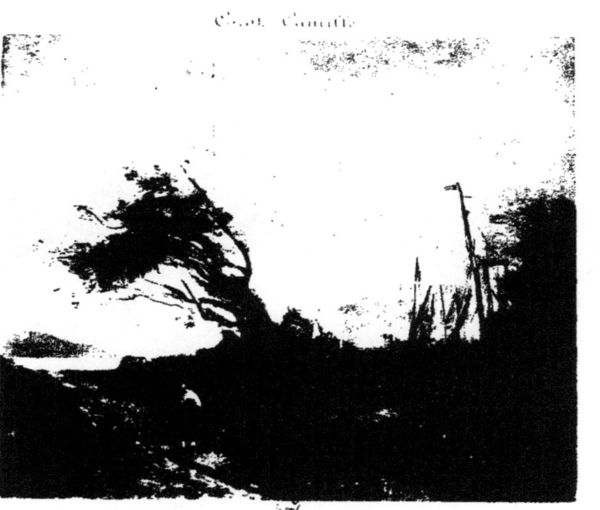
Corot. Camille

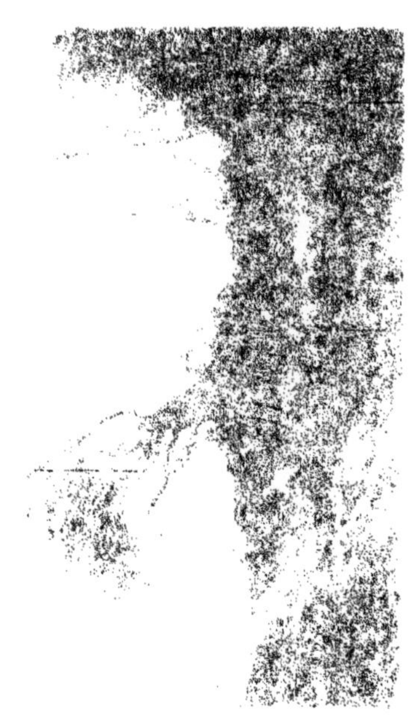

COROT

(CAMILLE)

20 — *La Rafale*.

A gauche, un chemin montant qui conduit à la mer.
Une femme le suit, en jupe brune, corsage gris et coiffe
rouge.

A droite, de l'autre côté d'un arbre au tronc battu par le
vent, on aperçoit les maisons des pêcheurs, puis, plus à
droite encore, les mâts des bateaux à l'ancre, qui se dressent
sous le ciel chargé de nuages gris.

Signé à droite, en bas.

Toile. — Haut., 38 cent.; larg., 46 cent.

Collection G. Feydeau.

COURBET

(GUSTAVE)

21 — *Remise de Chevreuils*.

Dans une combe rocheuse dont les éboulements sont
ensevelis sous la neige, un soir d'hiver, trois chevreuils
sortent des profondeurs du bois qui s'étendent vers l'horizon
de gauche et vont descendre, parmi les ronces et les roches,
jusqu'à cet asile naturel qu'est, à droite, un immense bloc
de granit qui, surplombant tout ce site désolé, porte à son
faîte le tronc tordu d'un grand arbre mort.

Pièce de toute beauté, d'une grande allure classique.

Signé à gauche, en bas.

Toile. — Haut., 82 cent.; larg., 1 mètre.

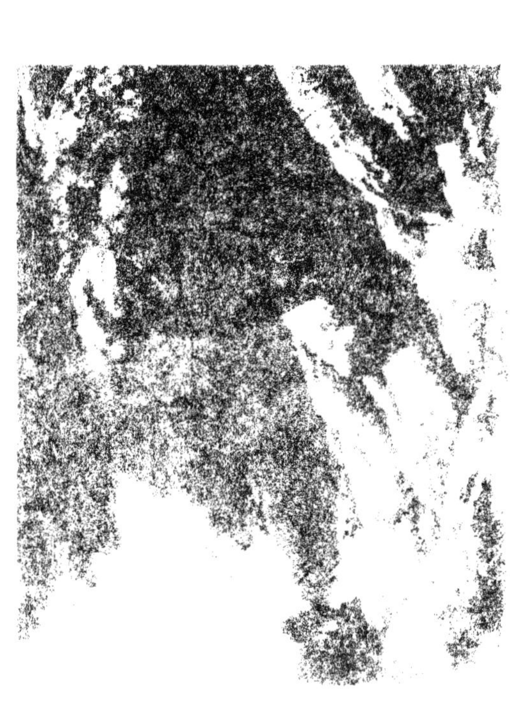

COURBET

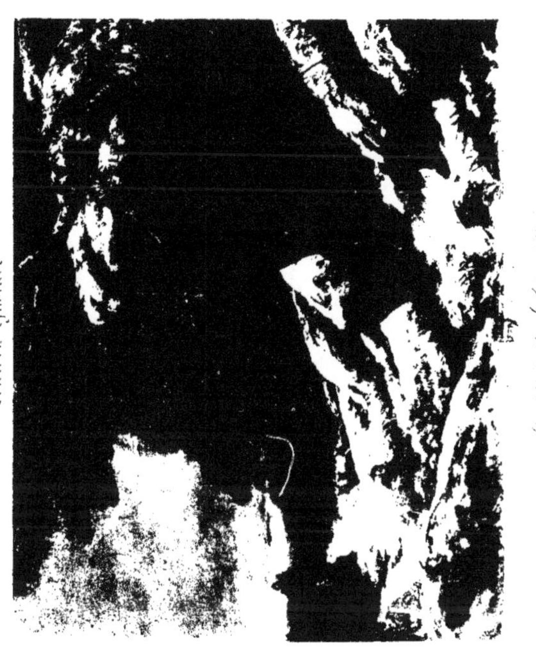

DAUBIGNY

22 — *Les Bords de l'Oise.*

La gauche du tableau est occupée par une berge verdoyante qui se relève insensiblement vers un fond boisé. La rivière occupe toute la droite et s'éloigne autour d'une ile. qui n'est qu'un bosquet de verdure, vers les plans les plus lointains qui apparaissent, gris cendré, dans une trouée des grands arbres. Le beau crépuscule roux s'achève doucement sur ce calme paysage, d'une grande et profonde mélancolie.

Signé à gauche, en bas.

Panneau. — Haut., 40 cent.; larg., 67 cent.

DAUBIGNY

23 — *La terrasse d'Andrésy.*

A gauche, la berge qui monte en pente douce et que domine un bois de tilleuls touffus. Au bas de la berge, une bonne femme en train de laver son linge, tandis que près d'elle des canards nagent parmi les roseaux.

Au fond, au-dessus des cimes d'arbres, on aperçoit des toitures de maisons et un clocher d'église.

A droite et au fond, des peupliers mirent dans la rivière leurs beaux panaches. Dans le ciel, les clartés chaudes d'un jour d'été.

Signé à gauche, en bas.

Panneau. — Haut., 24 cent. 1/2 ; larg., 45 cent. 1/2.

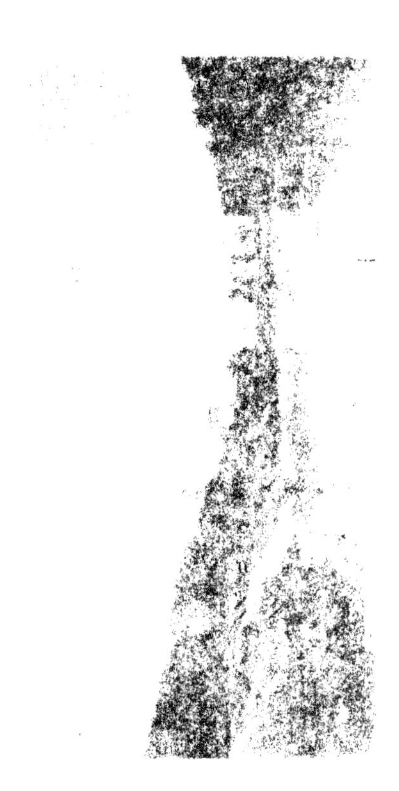

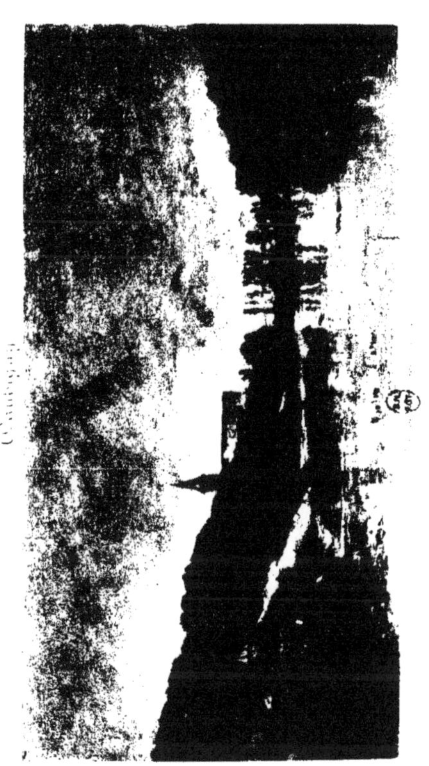

DE DREUX

(ALFRED)

24 — *La Dispute*.

Dans la cour d'une ferme, un chien roux et un chien blanc convoitent un os au pied d'un mur percé d'une petite fenêtre, et devant un tas de fumier d'où les considère un troisième larron.

L'œuvre est l'une des plus intéressantes du maitre, pour la vérité des attitudes et la qualité de la palette.

Signé à droite, en bas.

Toile. — Haut., 67 cent.; larg., 81 cent. 1 2.

DETAILLE

(EDOUARD)

25 — *Le Grenadier*.

Debout, en tenue, et appuyé sur son fusil où est fixée la baïonnette.

Signé à droite, en bas : *E. Detaille. 1880.*

Dessin à l'encre de Chine. — Haut., 23 cent.; larg., 16 cent.

DUPRÉ

(JULES)

26 — *La Passerelle?*.

Au bord de la rivière, les maisonnettes s'élèvent avec
leurs hauts toits de chaume. Devant elles, une passerelle
conduit à l'autre rive. Dans le ciel bleu profond les grands
nuages, brochés de lumière lunaire, laissent de chauds
rayons filtrer jusqu'aux demeures pour dorer le crépi des
murs bossués, dont les reflets frissonnent dans la profondeur de l'eau.

Signé à gauche, en bas.

Panneau — Haut., 42 cent 1/2 ; larg., 62 cent.

Collection Ch. de Hele.

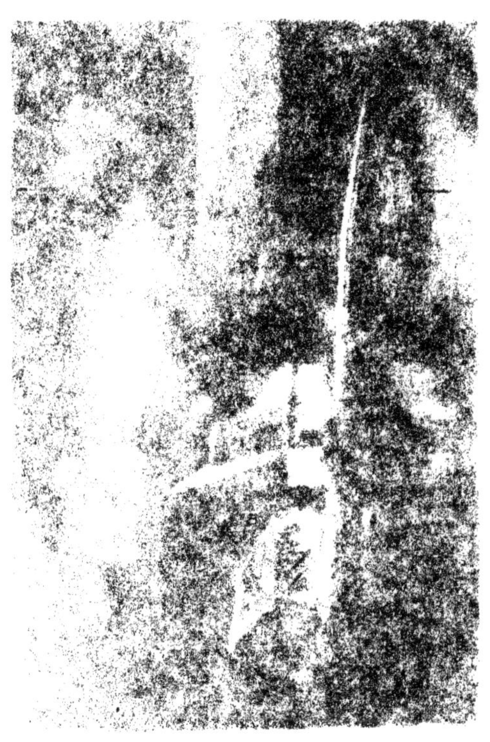

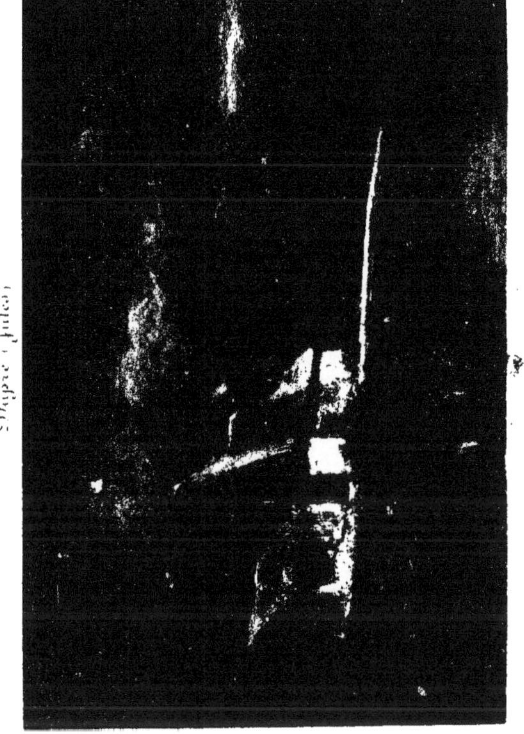
D'après Jules

DUPRE

(JULES)

27 — *Marine*.

En pleine mer, une barque de pêche, toutes voiles dehors, cingle de droite à gauche dans la direction d'une bouée rouge.

La souple volute d'une vague au premier plan et, à droite, une autre voile à l'horizon.

Signé à gauche, en bas, *J.-D.*

Panneau. — Haut., 26 cent.; larg., 33 cent.

Vente Boulard n° 11.

FANTIN-LATOUR

28 — *La Toilette.*

Dans une clairière, au plus profond du bois, une femme
nue est assise et dénoue ses cheveux.

Devant elle, à droite, sa compagne vue de dos, age-
nouillée. Au loin, du même côté, une éclaircie sur le ciel.

Le tableau est de toute première beauté. Rarement le
Maître a composé une toile où le sentiment poétique qui
caractérise toute son œuvre s'affirme avec plus de péné-
tration et de charme.

Signé à gauche, en bas : *Fantin.*

Toile. — Haut., 53 cent.; larg., 62 cent.

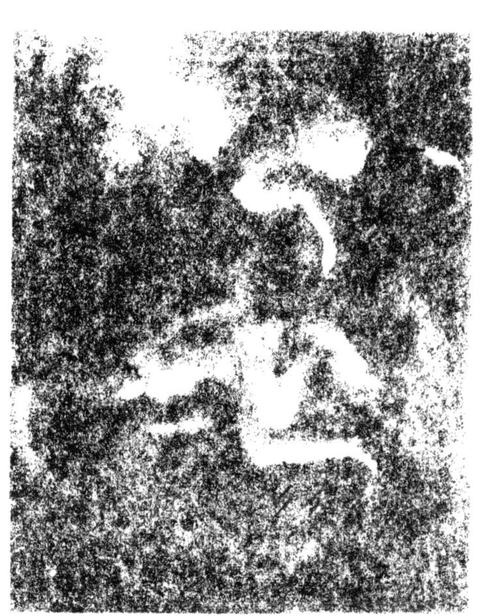

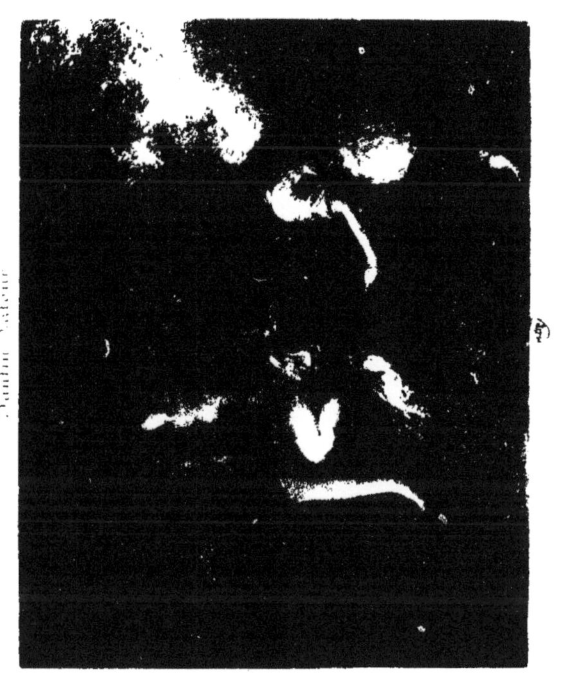

ISABEY

(EUGÈNE)

29 — *Marine*.

Vers le rivage, à gauche, vers les moulins, silhouettés
sur un ciel orageux, vers les barques tirées à flot et la jetée
de bois, la mer déferle, écumante.

A droite à l'horizon, quelques voiles et deux mouettes.

Signé à gauche, en bas, *E. I.*

Toile. — Haut., 14 cent.; larg., 26 cent.

Collection A. Donatis, n° 134.

Au dos : *Vente Saint-Rémy, 18 mars 1878.*

ISABEY

(EUGÈNE)

30 — *La Tempête*.

La côte, à droite, toute de rocs rugueux, creusée par le séculaire assaut de la mer, se relève jusqu'à une lisière de forêt près de laquelle fument quelques chaumières.

Çà et là, de petits personnages.

Les vagues déchaînées escaladent le rivage dont la perspective au loin, se perd dans la grisaille d'un beau ciel orageux.

Signé à droite, en bas, *Isabey, 52*.

Toile. — Haut., 39 cent.; larg., 54 cent. 1/2.

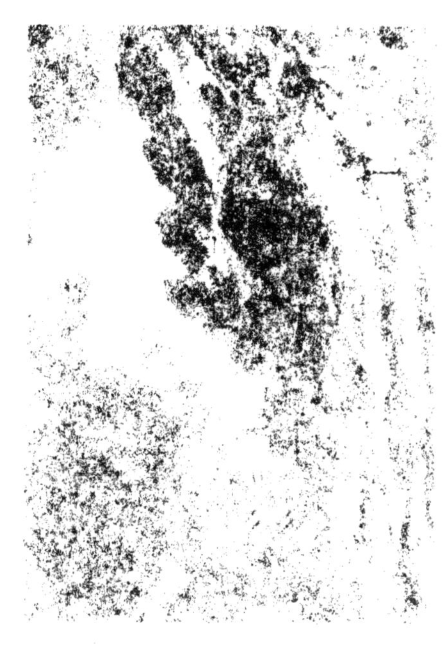

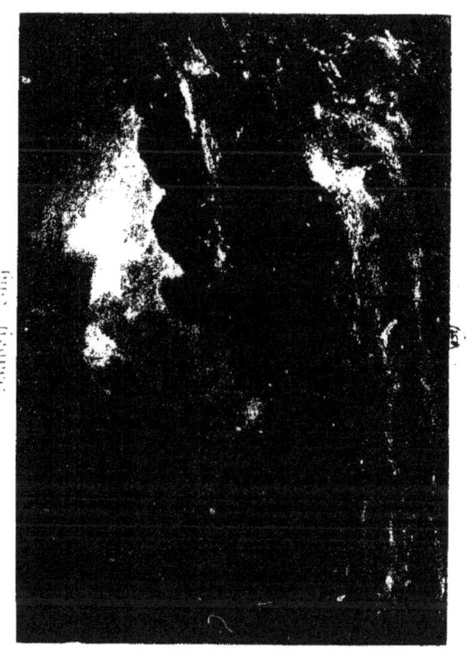

JACQUE

(CHARLES)

31 — *Les Moutons.*

Dans une clairière, d'où l'on découvre l'horizon, à droite,
une bergère assise au pied d'un arbre, garde quelques moutons dont un groupe, chaudement éclairé par le soleil
d'orage, se profile sur les verts délicats du pâturage et de la
forêt.

Signé à gauche, en bas.

Panneau. — Haut., 22 cent.; larg., 36 cent.

JACQUE

(CHARLES)

32 — *Les Cochons.*

Deux cochons et deux poules blanches près d'un tas de
détritus, auprès d'un mur à demi dans l'ombre, où est accro-
chée une lanterne de ferme.

Signé à gauche, en bas.

Panneau. — Haut., 18 cent.; larg., 21 cent.

JACQUE
(CHARLES)

33 — *La Mare aux Cerfs*.

Deux énormes chênes, à droite, limitent le bois épais et sombre. Une éclaircie sur le ciel est ménagée à gauche et la mare, du même côté, occupe la partie inférieure du tableau. Deux cerfs broutent autour de l'un des arbres, un troisième est couché non loin de la mare.

Œuvre d'une puissance remarquable, largement exécutée dans une manière où s'affirment avec une rare éloquence les qualités d'un artiste qui sut tant de fois interpréter la nature avec une vigueur qui n'atténuait rien de sa sensibilité.

Signé à droite, en bas.

Toile. — Haut., 46 cent. ; larg., 66 cent.

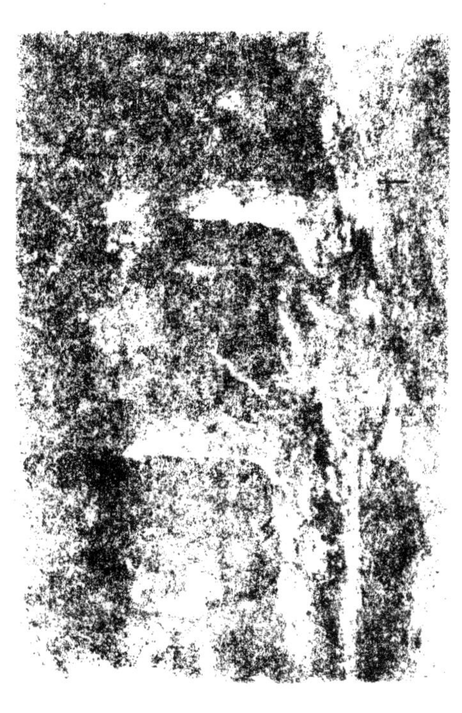

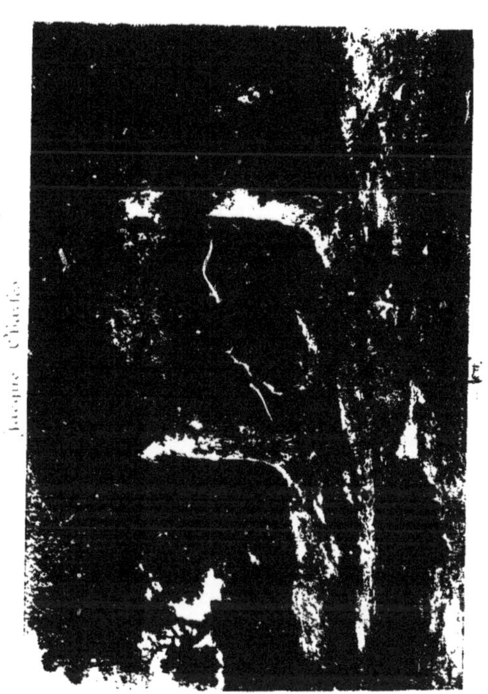

JONGKIND

(JOHANN-BARTHOLD,

**34 — *Fête Nationale à la Porte
d'Orléans.***

A droite, une guinguette, l'*Étoile du Nord*, pavoisée
de drapeaux, sur la route de Bagneux plantée d'arbres
rares.

Çà et là, quelques personnages.

Après-midi. — Six heures.

Signé à gauche, en bas : *Jongkind. Dimanche, 17 juil-
let 1887.*

Panneau. — Haut., 16 cent ; larg., 26 cent.

JONGKIND

(JOHANN-BARTHOLD)

35 — *Nyons.*

Le lac, d'un bleu léger, tient toute la largeur de la toile
et, au second plan, la petite ville en amphithéâtre, couron-
née du donjon et des tourelles de son château, semée de
bouquets de verdure, s'étire, pittoresquement en valeur sur
la légère buée des montagnes lointaines.

Un superbe ciel pommelé répand sa lumière sur tout le
site et trois barques à hauts mâts attendent le vent, voiles
serrées.

Signé à gauche, en bas, *Jongkind, 1875.*

Toile. — Haut., 58 cent. 1 2 ; larg., 85 cent.

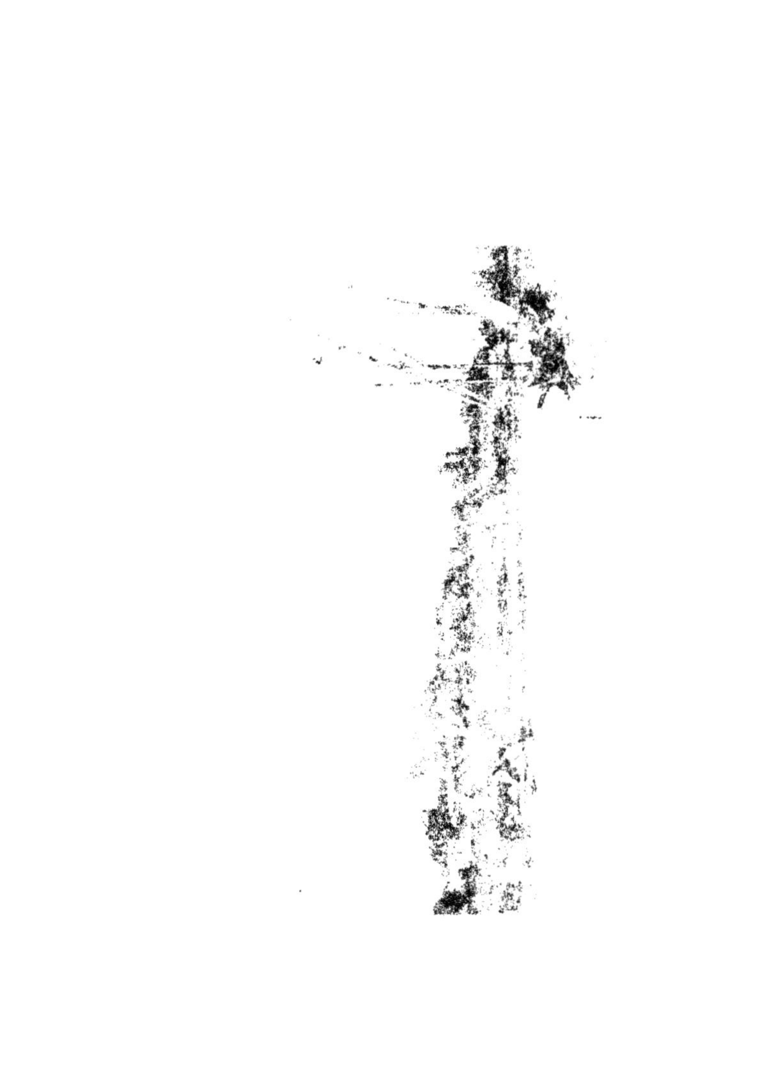

KIND

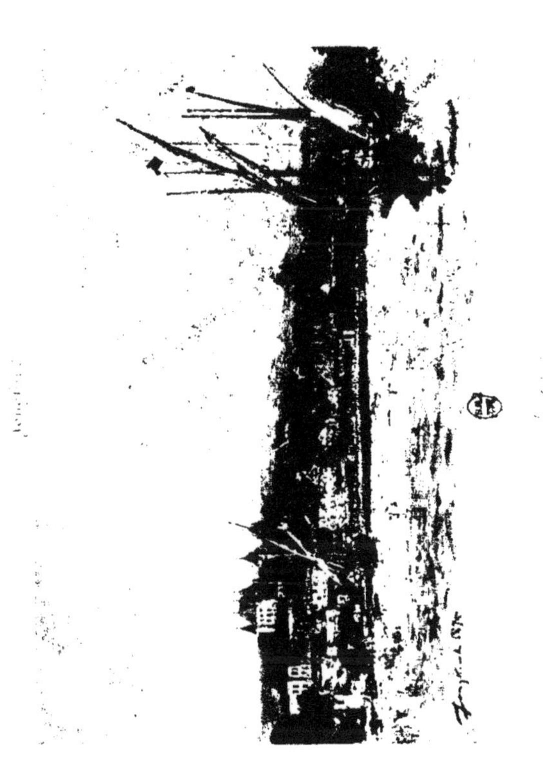

LEBOURG

(ALBERT)

36 — *Rouen. — La Côte Sainte-Catherine sous la Neige.*

Le décor si naturellement bien composé de la côte Sainte-Catherine, à Rouen, sous la neige, de la berge et du fleuve qui tourne vers la droite, avec la perspective des coteaux de la Mi-Voie et de Saint-Adrien.

Le maître Lebourg n'a peut-être jamais vu ce beau motif dans une lumière plus délicate, plus argentée que celle dont déborde ce superbe tableau.

Signé à gauche, en bas : *Albert Lebourg. Rouen.*

Toile. — Haut., 46 cent : larg., 65 cent.

LÉPINE

(STANISLAS)

37 — *Le grand Hêtre*.

L'arbre magnifique élargit son feuillage sur la prairie qui descend de la gauche, où se masse la ligne fuyante d'un taillis.

A droite, fermant l'horizon, un front d'arbres plus petits dont quelques-uns sont déjà dorés par l'approche de l'automne.

Au pied du hêtre, une chèvre blanche. Le ciel, d'une légèreté et d'une transparence rares est clairsemé de quelques petits nuages. C'est le rayonnant après-midi d'un beau jour.

Signé à droite, en bas.

Toile. — Haut., 59 cent.; larg., 71 cent.

LÉPINE

(STANISLAS)

38 — «Au Large».

Par un beau matin clair, en vue des côtes, quelques
voiliers et des barques de pêche.

Cachet de l'atelier : (*S. Lépine*), en bas, à gauche.

Haut., 16 cent ; larg., 25 cent. 1 2

MONET

(CLAUDE)

39 — *La Débâcle*.

La large rivière chargée de glaçons occupe tous les premiers plans de la toile. Au loin, le rivage légèrement rosé par un pâle soleil d'hiver qui s'élève au-dessus des maisons d'un village.

A droite, quelques buissons et des arbres dépouillés par l'hiver.

Signé à droite, en bas.

Toile. — Haut., 54 cent. 1/2 ; larg., 81 cent.

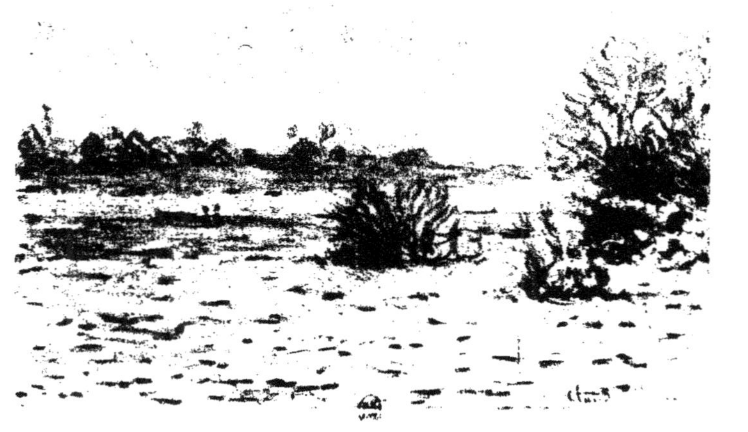

Roman Camp.

MONET

(CLAUDE)

40 -- *La Falaise de Sainte-Adresse*.

Une dune aride, à droite, domine la plage où s'étale le flot montant d'une mer très légère.

Au loin, après une trouée sur la haute mer, à gauche, la falaise se découpe sur le ciel.

A droite, au sommet de la falaise, un clocher et une toiture d'église.

Signé à droite, en bas.

Toile. — Haut. 53 cent.; larg. 72 cent.

MONET

(CLAUDE)

41 — *Le Mail.*

De part et d'autre de la petite place de village, les platanes élargissent leurs feuillages qui composent un cadre frémissant aux petites maisons que sépare l'amorce d'une rue étroite.

Çà et là, des villageois; une belle lumière d'été radieux baigne tout le décor, filtre dans le rideau mouvant des ombres qu'élargissent, sur l'intimité du petit mail, les grands arbres frémissant d'une légère brise.

Signé à droite, en bas.

Toile. — Haut., 54 cent.; larg., 66 cent.

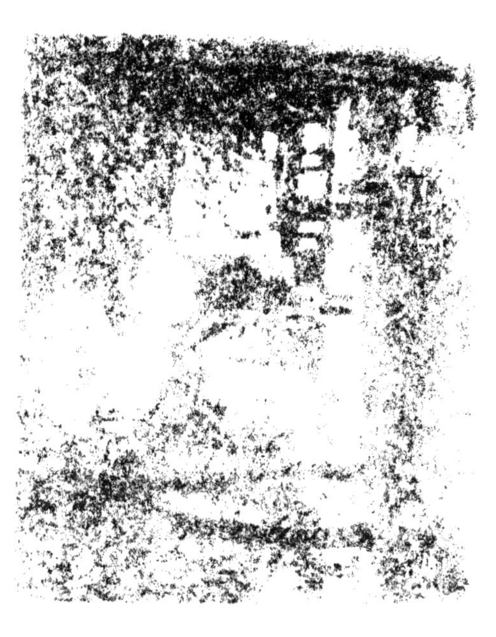

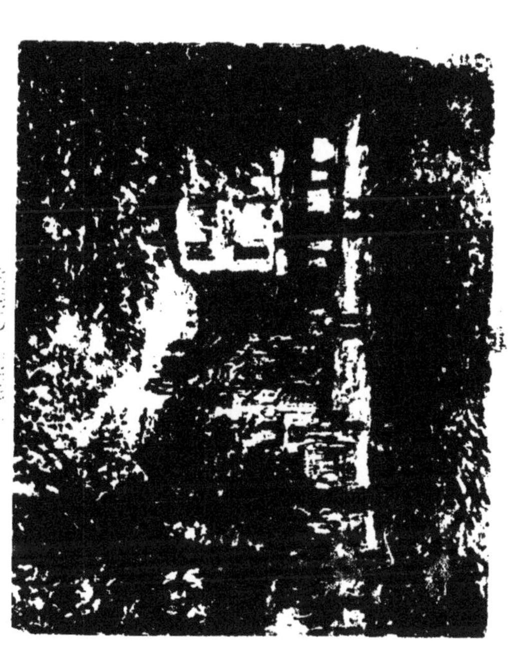

MONTICELLI

42 — *Fête antique*.

A la lisière d'un bois d'automne, près d'une colonnade qu'éclaire le soleil, une foule en costume éclatant est massée et salue du geste, dans des attitudes pittoresquement composées, au passage d'un char traîné par des fauves.

Une fine statue de marbre domine le groupe et des enfants nus escortent le char où a pris place l'héroïne de la fête.

Signé à droite, en bas.

Panneau. — Haut . 21 cent.; larg . 48 cent.

MOREAU

(GUSTAVE)

43 --- *L'Éducation d'Achille*.

Dans un grand paysage tragique et légendaire, au fond
d'un défilé hérissé de pics qui menacent le ciel, une
rivière coule, paisible, dans la pénombre lumineuse.

A droite, au premier plan, au pied d'une falaise rocheuse
ou s'accrochent des rideaux de verdure, Achille enfant,
est monté nu sur le Centaure qui joue pour lui de la lyre
penta cordes.

L'œuvre est d'une qualité supérieure et a toute l'en-
vergure d'un grand tableau.

Signé à gauche, en bas.

Toile.   Haut., 34 cent. 1 2 ; larg., 25 cent. 1 2.

Vente Butin. Don de Gustave Moreau, 15 mai 1884.
Ce tableau appartient à M. Antoni Roux de Marseille, 7 novembre 1884.
Cette mention est de la main de l'artiste.

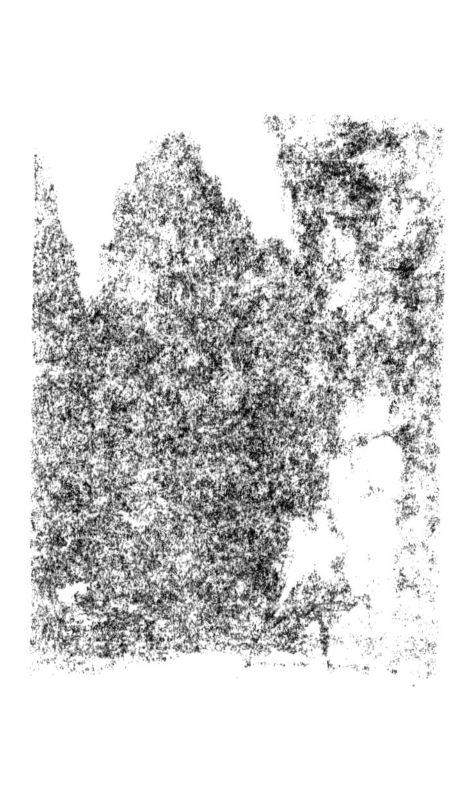

Gustave Moreau

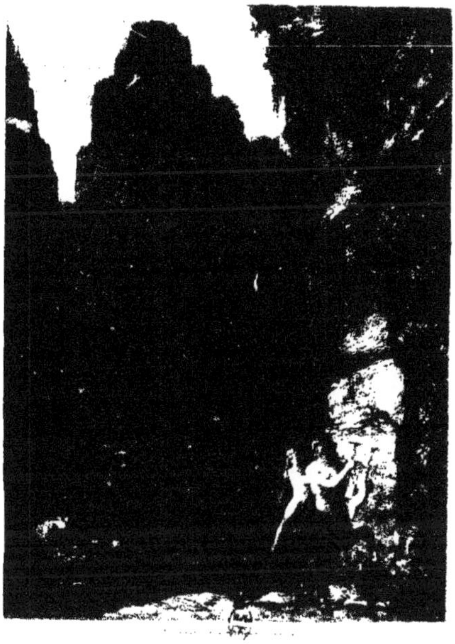

[illegible]

DE NEUVILLE
(ALPHONSE)

44 -- *Bapaume.*

La chambre dévastée, meubles brisés, porte arrachée :
tout le lamentable spectacle de la guerre.

Superbe esquisse pour un tableau.

Signé à droite, en bas : *Bapaume.*

Panneau. — Haut., 14 cent. 1 2 ; larg., 27 cent.

PLASSAN

45 — *Paysage.*

Dans une lande herbeuse qui s'élève vers la droite, un
sentier remonte vers un plateau de prairies dont on ne voit
qu'une partie à gauche et trois longues toitures de ferme, à
la lisière d'un bois.

Le ciel est nuageux et une éclaircie de soleil se pose à
la crête du sentier.

Signé à droite, en bas.

Panneau. — Haut., 21 cent. ; larg., 51 cent.

PLASSAN

46 — *La Convoitise.*

Près d'une table où sont groupés divers objets sur un
tapis d'Orient, un joli chien blanc et roux flaire la serviette
qui descend jusqu'à lui.

Signé à gauche, en bas.

Panneau. — Haut., 15 cent. ; larg., 13 cent.

RIBOT

(THÉODULE)

47 — *La Leçon de Couture.*

Une femme âgée, en coiffe noire, reprise un bas blanc et semble donner, sur ce grave sujet, des conseils à une jeune novice de la couture, qui l'écoute avec une déférente attention.

L'œuvre est de 1883 et compte parmi les plus éloquemment démonstratives du talent si robuste et si vrai du maître Théodule Ribot.

Toile. — Haut, 95 cent ; larg, 72 cent.

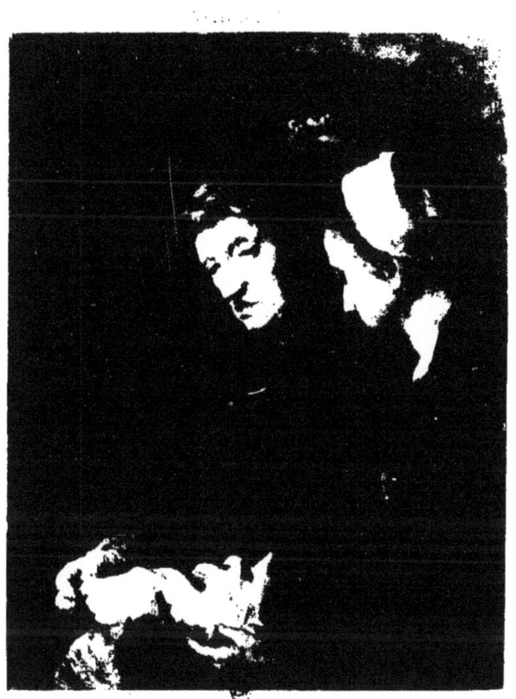

ROSEN

(T. ERNEST)

48 — *Après la Lecture*.

Souple et élégante figure de femme, assise, en robe grise
à longs plis, près d'une petite table où, pour méditer, elle
vient de déposer le livre qu'elle parcourait.

Signé à gauche, en bas.

Panneau — Haut., 74 cent.; larg., 57 cent.

ROUSSEAU

(THÉODORE)

49 — *Église en ruines*.

Au pied d'un coteau que dominent deux tours démante-
lées et quelques petits bois, à gauche, le village dans des
bosquets où aboutit le chemin sinueux qui descend des
hauteurs.

A droite, au milieu de son cimetière, la vieille église
avec sa tour en ruines. Joli ciel mouvementé qu'envahit
lentement l'orage.

Signé à gauche, en bas : *Th. R.*

Panneau. — Haut., 19 cent.; larg., 31 cent.

SISLEY

50 — *Le Village des Sablons.*

La rue ensoleillée remonte, de droite à gauche, entre les grands arbres et les tas de bois espacés. Au loin, face à un beau bouquet de verdure, ce sont les premières maisons dont les toits de tuile sombre s'enlèvent en valeur sur le ciel estival. La perspective de la rue villageoise s'éloigne dans une grande coulée de soleil : le tableau y gagne une belle profondeur où la vibrante lumière du maître impressionniste fait magnifiquement chanter sa symphonie.

Signé à gauche, en bas : *Sisley, 1885.*

Toile. — Haut., 60 cent.; larg., 73 cent 1/2.

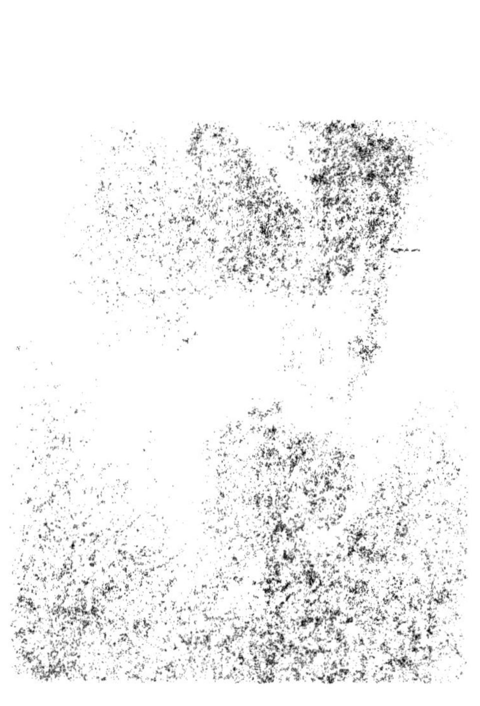

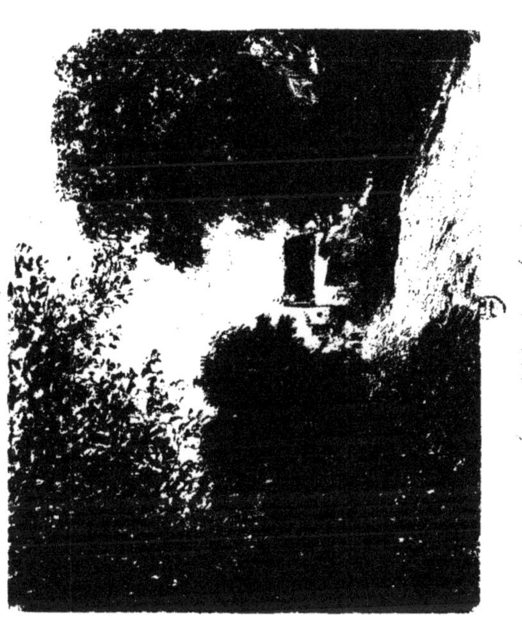

SERVIN

(A.)

51 — *L'Arrivée des Pêcheurs*.

L'une des toiles les plus complètes et qui représente le mieux le beau talent de cet homme trop longtemps méconnu que fut A. Servin.

Les dons d'observation de la forme et de la couleur que possédait ce beau peintre s'affirment avec éclat dans cette toile où l'on voit, à gauche, près de l'estacade de bois, la flotille de pêche et les femmes qui viennent débarquer le poisson ; à droite, le rivage avec son pittoresque groupement de ramasseurs de varech, de maisons et de magasins de dépôts, au premier plan enfin, sur une jetée rugueusement équarrie, un tas de raies que garde une pêcheuse assise.

Le ciel à lui seul constitue un morceau superbe, une page de lumière digne du musée.

Signé à gauche, en bas sur la jetée : *A. Servin 1877.*

Panneau. — Haut . 65 cent. ; larg . 1 mèt. 17 cent.

TASSAERT

(OCTAVE)

52 — *La Mauvaise Nouvelle.*

Dans la pauvre mansarde éclairée d'en haut, assise près du lit défait et du crucifix qu'abrite le lambris chevronné, la vieille femme, en robe grise et fichu rouge, vient de lire la mauvaise nouvelle. Assise à ses côtés, une jeune femme, interrompant sa couture, la console d'un geste affectueux. Sur le carrelage de la chambrette, quelques légumes renversés et un chien noir, ami fidèle.

Signé à droite, en bas : 1855.

Toile. — Haut, 56 cent. 1 2; larg., 46 cent.

Vente Lutz.

VOLLON

(ANTOINE)

53 — *Pivoines dans un vase.*

Dans le vase à panse ronde, une gerbe de pivoines rouges épanouies.

Signé à droite, en bas.

Toile. — Haut., 81 cent.; larg., 101 cent.

ZIEM

54 — *Le Moulin.*

Sur la berge herbeuse, à gauche, le beau moulin de Hollande domine la maison rouge et le bouquet d'arbres qui l'entoure. La rivière, très large, s'éloigne, après les roseaux du premier plan, vers les calmes plaines du Pays-Bas, où se dessine à l'horizon une ligne de forêts bleuâtres.

A droite, un bateau à voiles.

Le ciel est d'une facture magistrale, dramatiquement éclairé à sa partie inférieure et déjà envahi par la nuit au zénith.

Signé à gauche, en bas.

Toile. — Haut., 54 cent.; larg., 70 cent.

ZIEM

55 — *"Orénoque" saluant dans la passe du Lido.*

Le magnifique navire, chargé de mâtures, de vergues et d'oriflammes, cingle vers la droite et vient de saluer d'un coup de canon deux autres navires dont on ne distingue que les mâts, derrière l'épais nuage de fumée.

Une gondole chargée de passagers hâtivement se range vers la gauche. — Au fond, dorée par le soleil couchant, Sainte-Hélène avec son dôme et son campanile.

Signé à droite, en bas : *Ziem.*

Panneau. — Haut., 62 cent.; larg., 105 cent,

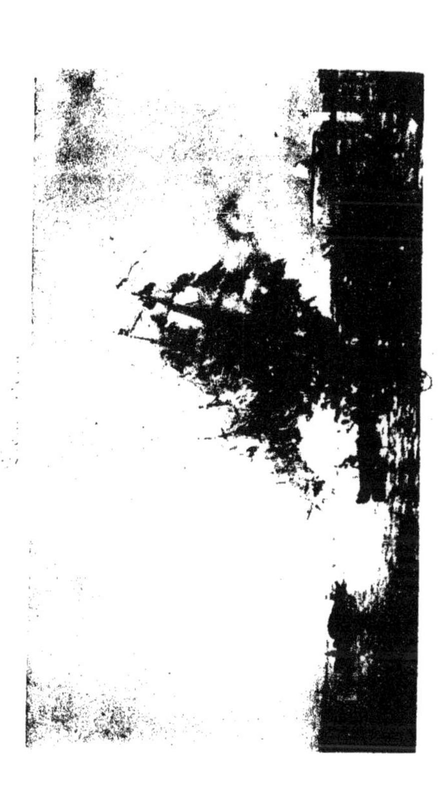

AQUARELLES
PASTELS ET DESSINS

BILLOTTE
(RENÉ)

56 — *Vue du Palais de Justice*.

Signé en haut, à gauche : *René Billotte*.

Pastel. — Haut., 81 cent.; larg., 67 cent.

Nᵒ 123 de la vente Georges Feydeau, 11 février 1901.

FORAIN

57 — *La Traite des Blanches*.

— Qu'est-ce qu'on va y dire au juge d'instruction ?

— On va y dire la vérité, qu'on a des gosses à *nour-rire* (sic).

Signé à droite, en bas : *Forain*.

Dessin. — Haut., 54 cent.; 1/2; larg., 30 cent.

JONGKIND
(JOHANN-BARTHOLD)

58 — *Entrée de Village*.

Un paysan conduisant un porc s'approche du village
entre les bouquets d'arbres et les palissades dominées par
des maisons et un coteau.

Signé à gauche, en bas; à droite, en bas, *27 octobre 77*.

Aquarelle. — Haut., 11 cent.; larg., 19 cent.

JONGKIND
(JOHANN-BARTHOLD)

59 — *Le Chemin de Village*.

L'église et son mail, au fond à droite, après un premier
plan de verdures et de palissades.

Signé à droite, en bas. — A gauche : 25 mai 56.

Dessin rehaussé. — Haut., 17 cent. ; larg., 24 cent.

LÉANDRE

60 — *Dewet et le Soldat*.

Signé côté gauche, à mi-hauteur.

Dessin aux trois crayons. — Haut., 50 cent.; larg., 45 cent.

LHERMITTE
(LÉON)

61 — *Le Berger des Prés salins.*

Sur la dune, le berger, en houppelande, appuyé sur son haut bâton, suivi de son chien, garde ses moutons rosés de clair soleil. A gauche, au loin, la mer et des pics de falaises : à droite, des buissons à demi dépouillés par le vent du large.

Signé à droite, en bas.

Pastel. — Haut., 44 cent.; larg., 52 cent. 1/2.

LHERMITTE

(LÉON)

62 — *La Fauche des Blés.*

Œuvre puissante où l'artiste a synthétisé toutes ses qualités d'observation de la vie, de la santé et de la beauté des gens de la terre, vus dans leur milieu.

En plein champ, par groupes, on fauche. A droite, un moissonneur affile sa faulx, une femme coupe à la faucille. Plus loin, une charrette s'éloigne sous une montagne de blé. Des gars font des tas de gerbes.

A gauche, un petit bois, une ligne de coteaux par delà lesquels se couche le soleil dans un ciel moutonneux.

Signé à gauche, en bas, *Lhermitte, 1902.*

La Reproduction à l'huile par l'artiste a été exposée au Salon de 1903.

Pastel. — Haut., 44 cent.; larg., 59 cent., 1/2.

Obermutte Leen

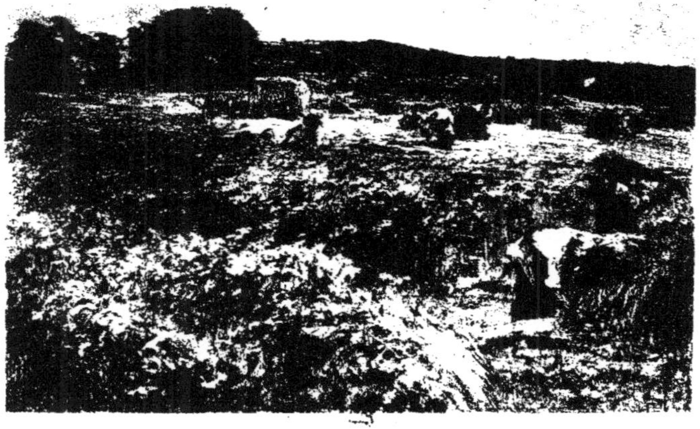

LHERMITTE

(LÉON)

63 — *La Ramasseuse de Bois sur la Dune.*

Dans un pli de la dune, une femme en coiffe blanche
ramasse du bois mort. D'entre les arbres bas, on distingue
l'angle rouge d'une toiture. Ce beau pastel est caracté-
ristique par la façon dont le maître a tiré parti d'un motif
d'une grandeur sévère où il a su faire vibrer toute l'austère
beauté des rivages battus par la mer.

Signé à gauche, en bas.

Pastel. — Haut., 31 cent ; larg., 41 cent.

LHERMITTE

(LÉON)

64 --- *Repos*.

Superbe figure de grande dimension. Une jeune
paysanne assise à l'ombre d'un monceau de gerbes, près de
son panier, réfléchit gravement, la main droite soutenant
le menton. Au fond, à gauche, d'autres gerbes, un taillis et
une ligne de coteaux bleus par l'approche du soir.

Signé à gauche, en bas.

Pastel. -- Haut., 57 cent.; larg., 43 cent.

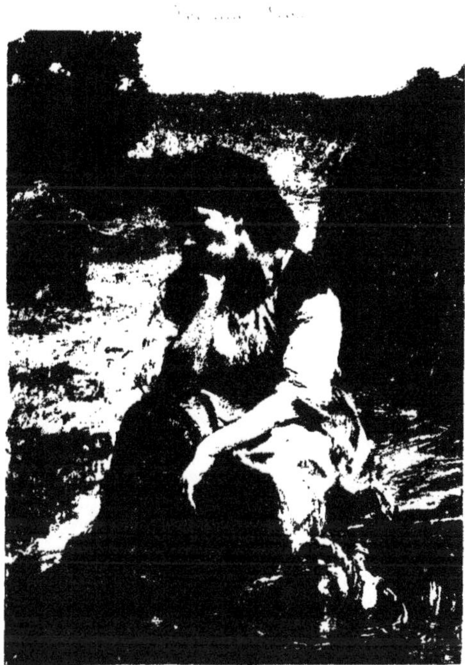

LHERMITTE

(LÉON)

65 — *La Couturière.*

Une vieille femme assise le dos à l'âtre, coud près de la table, éclairée d'un jour rare par l'étroite fenêtre qui donne sur les jardins. Devant elle, une cruche et un seau, à terre, et sur le mur en crépi, quelques modestes cadres où l'on distingue des imageries hautes en couleur.

Signé à gauche, en bas.

Pastel. - Haut., 50 cent. 1 2; larg., 44 cent. 1 2.

LHERMITTE

(LÉON)

66 — *L'Éplucheuse de Pommes de terre.*

Effet de clair obscur.

Dans la salle à poutres et à solives, près de l'âtre monumental, mais pauvre, éclairée de loin par le grand jour, qui, difficilement franchit la fenêtre à petits carreaux, la bonne vieille, assise près de son billot à trois pieds, épluche ses pommes de terre qu'elle jette, une à une, dans le panier déposé à ses pieds.

Signé à gauche, en bas : *L. Lhermitte, 1900.*

Pastel. — Haut.. 43 cent. ; larg.. 55 cent.

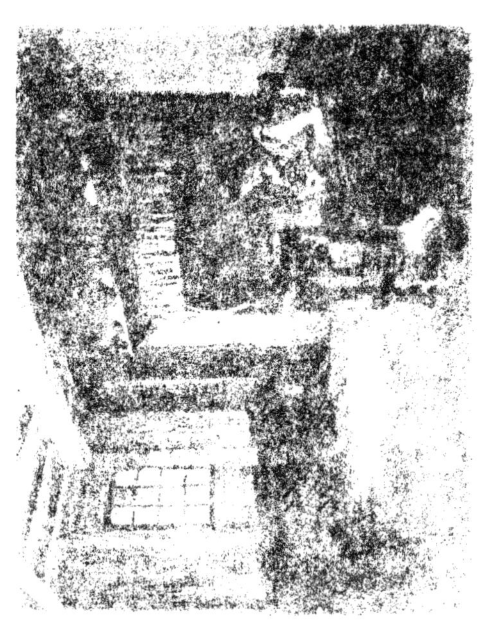

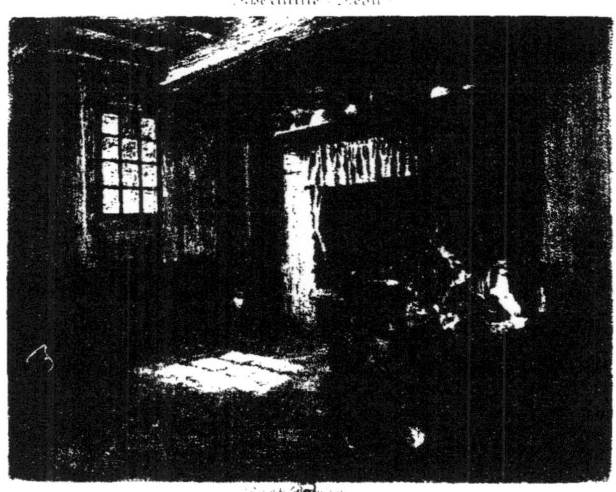

LHERMITTE

(LÉON)

67 — *Soleil couchant.*

Dans le poudroiement doré du soir, le champ de blé
où s'entassent maintenant, à gauche, les gerbes en meules.
Après une haie et un bouquet d'arbres, qui occupent la
droite, on distingue sur un fond boisé, la ferme aux toits de
tuiles et de chaume.

Un croissant de lune.

Signé à droite, en bas.

Pastel. — Haut., 56 cent. 1/2 ; larg., 46 cent.

LHERMITTE

(LÉON)

68 — *Les Laveuses du Moulin d'Aix.*

A droite, au pied du pittoresque moulin habillé de feuillages légers, deux paysannes lavent leur linge dans l'eau
courante de la rivière qui, à gauche, tombe en jolie cascade.

Signé à gauche, en bas.

Pastel. — Haut., 48 cent. ; larg., 58 cent.

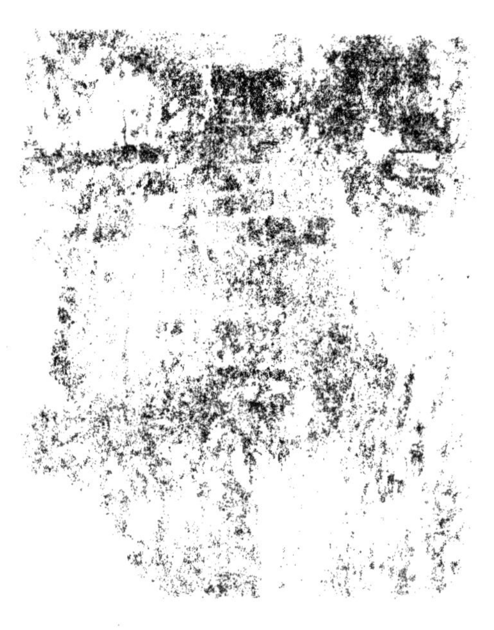

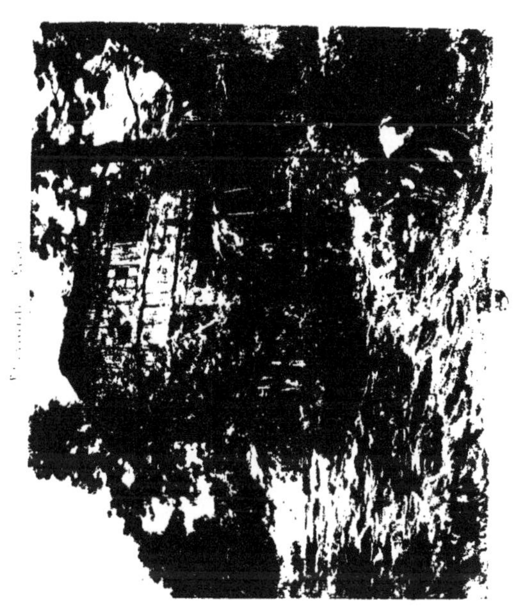

LHERMITTE

(LÉON)

69 — *Les Tisserands.*

Dans la pièce nue sous le plafond à solives, le métier
des tisserands près de la fenêtre; la femme est à la roue et
l'homme lance la navette.

Signé à gauche, en bas.

Dessin à la plume.

Rehaussé d'encre de Chine. — Haut., 15 cent.; larg., 26 cent.

LHERMITTE

(LÉON)

70 — *Les Moissonneurs*.

L'artiste, pour l'Exposition Universelle de 1900, a repris ce bel et large motif et en a composé un tableau qui, à juste titre, fut très remarqué.

Dans le champ où le blé doré resplendit sous le beau soleil, le faucheur et trois femmes, dont l'une coupe à la faucille, l'autre se repose dans une noble attitude de santé, et la troisième, accroupie, noue une gerbe. Le champ immense est limité par une ligne de bois qui se déchire dans son centre pour laisser apparaître un arrière-plan de coteaux.

Signé à droite, en bas.

Pastel. — Haut., 37 cent.; larg., 52 cent.

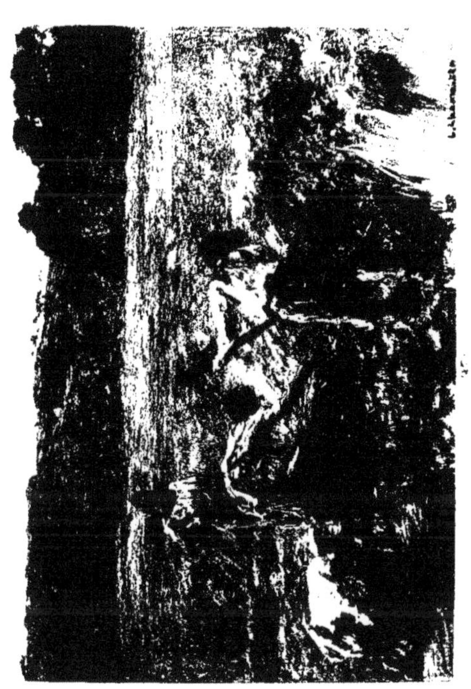

LHERMITTE

(LÉON)

71 — *Les Javelles. -- Midi.*

Régulièrement semées sur le champ fauché, les gerbes
au grand soleil, sous le beau ciel azuré. A gauche, au loin,
dans un bouquet d'arbres, la toiture rouge de la ferme.
Remarquable impression d'étendue et de plein air obtenue,
avec un art tout à fait séduisant, dans les dimensions d'une
toile pourtant restreinte.

Signé à gauche, en bas.

Pastel. — Haut., 32 cent. ; larg , 36 cent.

LHERMITTE

(LÉON)

72 — *Le Déjeuner à la Ferme.*

Véritable tour de force où l'artiste a montré tout son talent à distribuer l'ombre et la lumière dans ces intérieurs paysans où son fusain excelle. La salle commune ; grand âtre à gauche, poteau soutenant le plafond à poutrelles, porte et fenêtre ouvertes sur la cour ensoleillée. Assis autour de la table, les gars et une fille vident le pichet blanc. Une jeune paysanne, panier au bras, observe un instant le groupe avant de sortir.

Signé à gauche, en bas : *Lhermitte, 1891.*

Fusain. — Haut., 46 cent. 1/2 ; larg., 68 cent. 1/2.

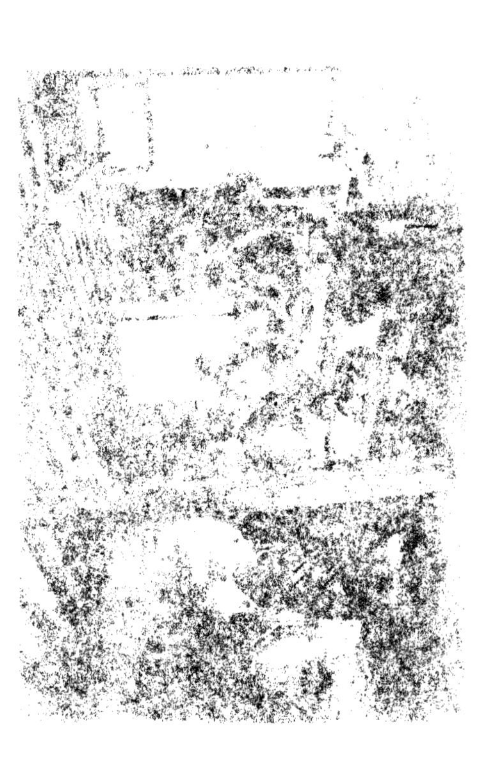

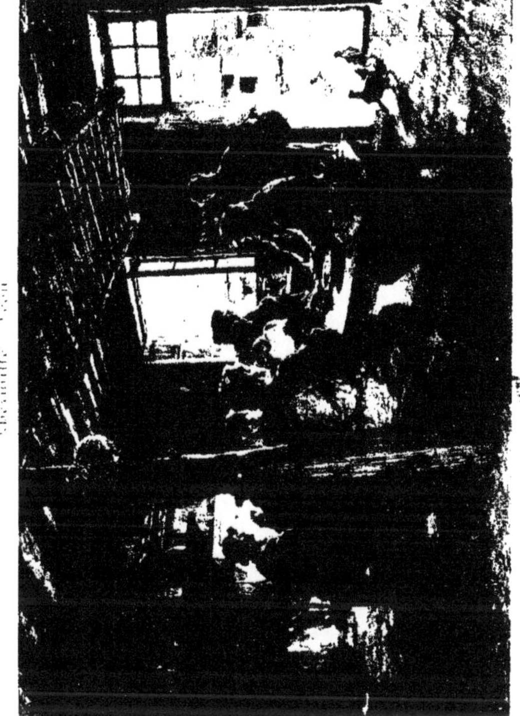

LHERMITTE

(LÉON)

73 — *Les Javelles. — Soir*.

Le champ, où l'on voit des gerbes debout et couchées,
se relève insensiblement vers la gauche. A sa lisière, un
léger bouquet d'arbres en valeur sur un arrière-plan de col-
lines bleues.

Jolie notation de crépuscule.

Signé à droite, en bas.

Pastel. — Haut., 31 cent.; larg., 44 cent.

Les grandes ventes

LA COLLECTION BLANQUET DE FULDE

On expose à l'hôtel Drouot demain vendredi, on y met en vente après-demain, par le ministère de M° Paul Chevallier, assisté de MM. Bernheim jeune, experts près la cour d'appel de Paris, la collection de tableaux, d'aquarelles, de dessins et de pastels réunie par un de nos amateurs les plus réputés, le baron Blanquet de Fulde.

Dans l'ensemble groupé avec un goût très éclectique et très sûr par le collectionneur, les belles pièces abondent. Il serait plutôt difficile d'en trouver qui soient indifférentes. Tous les maîtres du paysage moderne y sont représentés : Corot, par une *Vue de Mont-de-Marsan* qui remonte à la plus belle époque de sa vie, celle où les vrais connaisseurs déjà le goûtaient, mais où les marchands ne s'arrachaient pas encore toutes ses toiles, et par une composition de grande allure, la *Rafale* ; Jongkind, par un délicieux panorama de *Nyons*, vue du lac de Genève, et par une petite toile pleine de verve, la *Fête nationale à Paris* ; Claude Monet, par une admirable *Débâcle*, une *Falaise de Sainte-Adresse* et une allée de grands arbres, le *Mail*, dans une ville de province ; Sisley, par une vue de village en été, où la couleur et la lumière sont également harmonieuses et vibrantes ; Ziem, par un magnifique *Moulin hollandais*, et par une de ses compositions les plus pittoresques et les plus doucement éclatantes, l' « *Orénoque* » *saluant de ses canons dans la passe du Lido.*

La *Toilette*, de Fantin-Latour, exprime à ravir le talent si poétique du maître et sa merveilleuse entente de la forme. La *Passerelle* et une étude d'océan de Jules Dupré disent à merveille tout ce qu'il y eut d'épique dans ce génie. La *Mare aux Cerfs* témoigne à quel point Charles Jacque eut le sens des grands aspects de la nature. Courbet, dans sa *Remise de Chevreuils*, sous la neige ; Daubigny, dans sa *Terrasse d'Andrézy* et dans ses *Bords de l'Oise* ; Lépine, dans une étude de hêtre et dans une minuscule mais exquise marine ; Lebourg, dans une superbe *Vue de Rouen* ; Isabey, dans une romantique et superbe *Tempête* ; Bouché, dans une suite de paysages où il s'égale à Daubigny sans tricherie, constituent avec les Corot, les Jongkind, les Ziem et les Claude Monet, l'essentiel de cette collection si heureusement choisie.

Gardons-nous pourtant d'oublier deux séries, les plus importantes de beaucoup par le nombre, et qui ne contribuent pas peu à donner à l'ensemble un cachet remarquablement personnel. Lewis-Brown fut un coloriste charmant, de la délicatesse la plus rare et du goût le plus fin. Peintre de genre et de paysage en même temps, il a encadré ses petites anecdotes mondaines, empruntées à la vie des sportsmen, ou ses résurrections des mœurs militaires d'autrefois, dans des paysages d'une justesse et d'une grâce infinies. Pour ces raisons le baron Blanquet l'a aimé, il lui a donné une place de choix dans sa collection. Les connaisseurs iront droit à ces jolies choses et leur feront l'accueil le plus cordial. Il est temps qu'on rende justice au plus spirituellement ingénieux des petits maîtres de la seconde moitié du dix-neuvième siècle.

Lhermitte semble avoir excité plus encore les sympathies, l'enthousiasme même de l'amateur passionné qu'est le baron Blanquet. Il les a légitimement provoqués. Jamais plus ferme conscience ne s'est vue au service d'un art plus sincère, plus robuste et plus simple. Des douze pièces qui se trouvent réunies, chacune interprète l'homme des champs, au cours de ses travaux, dans les champs, ou chez lui, à l'heure de la détente et du repos, avec une puissance de sentiment et avec une justesse d'expression également émouvantes. Ces douze pièces seront fêtées par les curieux comme elles l'ont été par leur propriétaire actuel. Elles ne se contentent pas d'être profondément étudiées ; elles émeuvent, et elles sont par surcroît d'une main qui n'a jamais rien livré au hasard. Quelles que soient les fluctuations de la mode, jamais elles ne feront tort à Lhermitte.

_ PARTIE

~ures, 5 héliogravures hors texte, broché.   15 fr.
....   22 fr.

' l'époque mérovingienne et carolingienne. Il annonce un ensembl
f imposant, digne, tant pour le fond que pour la forme, des collabo
rateurs éminents qui se sont groupés autour de M. André Miche

us les libraires

ACTIONS AU COMPTANT	Précédente clôtur	Dern. cours
bl. Tab. port 4 1/2. avr	519 ..	520 ..
oumain 1896 4 0/0.. mai	91 25	91 15
usse 1867-1869 r. p.. mai	89 ..	88 90
— 4 0/0 1880...... mai.	88 60	89 40
— 4 0/0 1890 (2e 3e) mars	89 15	89 25
— 4 0/0 1893....... mai	88 60	88 95
— 3 0/0 1891........ avr.	73 80	73 60
— Bons du Trés. 1901.	502 50	502 50
— 3 1/2 1894 lib.... avr.	79 ..	79 80
— Intr 4 0/0 1894. mars	84 20	.. ..
Serbe 4 0/0 1895.... janv.	81 ..	81 15
— 5 0/0 or Monop. mai.	470 ..	470 ..
Suédois 1894 3 0/0... avr	95 25	.. ..
— 1895 3 1/2 0/0... avr.	100 25	100 25
Suisse (ch. de fer) ~. 3 0/0.	99 60	99 40
Tribut d'Eg. 3 1/2... avr.	101 75	... ..
Dom. Autriche.... mars	312 50	... ..
ACTIONS DE JOUISSANCE		
Est.............mai.	430 ..	433 50
Midi...........juill.	654 ..	655 ..
Nord..........janv	1365 ..	1365 ..
Orléans........avr.	1039 ..	1042 ..
Ouest.........avril.	483 ..	483 ..
Gaz parisien....avril.	510 ..	520 ..
Omnibus.......juill.	423 ..	415 ..
Suez..........janv.	3660 ..	.... ..

OBLIGATIONS	Précédente clôtur	Dern. cours
..............fév.	557 ..	558 ..
..............janv.	465 ..	462 50
..............janv.	411 50	411 25
1/4 r. à 100 fr.....janv.	106 75	106 75
..............avril	569 ..	567 .
..............avril	570 ..	567 75
r. à 400 fr. t. p.....mai.	385 50	384 25
1/4 r. à 100 fr. t. p..mai.	98 ..	98 50
..96 2 1/2 r. à 400 fr...mai	386 ..	388 ..
1/4 r. à 100 fr.....mai	98 50	98 50
2 0/0 r. à 500 fr.... mars	435 .	435 ..
1/4 r. à 125 fr......mars	111 ..	110 ..
2 0/0 Metrop. r. 500 f mars	420 ..	420 ..
— — 1/4 r. 125 f mars	105 25	105 25
2 1/2 Métr. r. à 500 f. 210 p.	434 25	434 ..
— —1/5 r. à 100 fr. 44 f p.	88 ..	87 25
2 3/4 0 0 r. à 400 f. 100p.	379 50	... ..
— 1/4 r. à 100 f. 25 f. p.	94 95	94 50
eres 1879 t. p.........mai	567 ..	508 ..
1883 t. p. sans lots. janv.	451 ..	454 ..
1885 2,60 r. à ...f. t. p. avr	483	484

INTÉRÊT 15 FRANCS - REMBOURSABLES À 500 FRANCS

OBLIGATIONS
Banque hypothécaire 1880..
— — 3 0/0 81 ..
Bône-Guelma...........
Chem. départ. 1857-1955..
— — 1886-1956. u
— — 1888-1985..
Ch. de fer économiques..
Est-Algérien...........j
Est 3 0/0................
— 3 0/0 nouvelles.....r
— 2 1/2................
— Ardennes............
Grande-Ceinture........
Paris-Lyon-Méd. (fus.anc.).
— — nouv....
— — 2 1/2....
— Bourbonnais.....
— Dauphiné........
— Genève 1855.....
— Méditerran. 3 0/0
— Victor-Emm. 1862..
Midi 3 0/0.............j
— 3 0/0 nouveau.....
— 2 1/2.............
Nord 3 0/0.............j
— 3 0/0 nouvelles....
— 2 1/2.............
— Nord-Est.........
Orléans 3 0/0..........j
— 1884.............
— 2 1/2............
— Central.........j
Ouest 3 0/0............j
— 3 0/0 nouvelles....
— 2 1/2.............
Ouest-Algérien 8 0/0....n
Mostaganem à Tiaret...
Médoc.................j
La Réunion............j
Sud de la France......0
Lille-Béthune.........0
Picardie-Flandre......j.
Est 5 0/0 r. à 650......t
Lyon 5 0/0 r. à 1.250......
Méditerranée 5 0/0 r. à 625...
Andalous 1re série
— 2e série..........
Autrichiens, 1re hyp.......
— 2e.............
— 4e.............
— série A.......
Lombardes 3 0/0.....
— série X....
— 4 0/0......
Nord-Espagne 1re hyp.

9 782329 503271